# NOTICE HISTORIQUE

SUR

LA VIE ET LES OUVRAGES

# DE G. L. B. WILHEM.

Imprimerie de A. Henry, rue Git-le-Cœur, 8.

# NOTICE HISTORIQUE

SUR

## LA VIE ET LES OUVRAGES

DE

# G. L. B. WILHEM.

DÉDIÉE AUX ORPHÉONISTES ET AUX ÉCOLES DE CHANT
DE LA VILLE DE PARIS,

PAR

M<sup>me</sup> EUGÉNIE NIBOYET,

Membre de plusieurs sociétés littéraires et philanthropiques.

Prix : 50 centimes.

PARIS,
P.-H. KRABBE, LIBRAIRE-ÉDITEUR,
15, QUAI SAINT-MICHEL.
1843.

# Hommage

## A MESSIEURS LES MEMBRES DE LA SOCIÉTÉ

### POUR L'INSTRUCTION ÉLÉMENTAIRE.

# NOTICE HISTORIQUE

### SUR

### LA VIE ET LES OUVRAGES

## DE G. L. B. WILHEM,

#### INVENTEUR DE LA MÉTHODE DE CHANT A L'USAGE DES ÉCOLES.

Guillaume-Louis Bocquillon, dit Wilhem, naquit à Paris, le 18 décembre 1781. Son père, François Bocquillon, chef de bataillon distingué, eut l'honneur d'être appelé au commandement de la citadelle de Perpignan, considérée, alors, comme importante.

Jusqu'à l'âge de dix ans, Guillaume-Louis fut élevé sous les yeux de sa mère, madame Bocquillon-Delaporte, parente du savant orientaliste de ce nom. Il reçut d'elle les premières leçons de morale, qui, par l'enfant, préludent à l'homme ; ce fut là le principe de la parfaite bonté de son caractère.

A cette époque, la France obéissait à ses instincts guerriers, tous les hommes étaient prédestinés à la même carrière ; le commandant Bocquillon ne fit pas d'exception pour son fils, et le jeune Louis le suivit, avec le grade de caporal, à l'armée du Nord, lorsque son bras n'avait pas plus la force de tirer une arme, que son épaule la force de porter un fusil.

Le 15 avril 1795 (16 germinal an III), le très-petit caporal fut promu au grade de sous-officier, pour services rendus par lui à la patrie. Il avait alors quatorze ans, et faisait partie d'une compagnie de *sapeurs-voltigeurs*.

Les fatigues de la marche, les dangers du combat, les instructions théoriques à faire, rien ne fut épargné à l'enfant-soldat. C'était chose curieuse que de le voir enseigner le maniement d'armes; c'était chose intéressante que de l'entendre commander. Doux, aimable et gai, il se faisait pardonner son grade par les plus vieilles moustaches, qui le considéraient comme l'enfant du régiment et lui passaient tous ses caprices.

Guillaume-Louis fit d'abord partie de la légion batave, organisée à Amiens; de là il passa dans le 5e bataillon des tirailleurs, et fut enfin incorporé dans le 10e bataillon *bis* des *sapeurs-voltigeurs*. Longtemps il coucha sur la dure, longtemps il supporta les privations du bivouac; tout cela n'altéra point la bonté de son caractère, la douceur de ses mœurs; les mauvais exemples ne le tentaient pas, et les jurons du camp passaient trop haut pour qu'il pût les entendre.

Quiconque eût étudié dans ses instincts le jeune Louis, se fût convaincu sans peine que la gloire, pour lui, n'était pas dans les camps. En effet, dès qu'il pouvait se soustraire aux devoirs de son état, il courait au spectacle, non pour y voir jouer le mélodrame ou la tragédie, mais pour y entendre chanter les opéras nouveaux, dont il répétait ensuite les motifs à ses camarades. C'est ainsi qu'il apprit par cœur presque tous les airs de *Paul et Virginie*, de *Lodoïska*, et de plusieurs autres compositions alors en vogue.

Toujours chantant, souvent battant, jamais battu, Louis Bocquillon se montra digne à la fois de son pays et de son père. A Furnes, à Zutphen, il mérita de justes éloges, alors que la bravoure et le courage étaient si communs en France qu'on ne les signalait plus.

A Amiens, un mandat d'arrêt fut lancé contre le commandant Bocquillon, devenu suspect aux intrépides républicains. On transféra cet officier dans les prisons d'Arras ; Louis demanda à le suivre : « Tu le peux, lui dit le représentant du peuple Duquesnoy, mais si tu entres, tu n'en sortiras pas. » Il y allait de sa vie, le jeune sous-officier le pensait et n'hésita point ; l'amour filial parlait en lui plus haut que la crainte !.... Un jour, en voulant assainir l'infect cachot de son père, Louis mit le feu à la paille qui lui servait de couche. Un *sauve qui peut* général retentit soudain sous les voûtes de la prison, plusieurs détenus parvinrent à s'évader, Bocquillon et son fils restèrent seuls sous la main de la justice ; ils étaient sans peur, ils voulurent être sans reproche : bientôt après on les renvoya.

Vers le milieu de juillet 1795, c'est-à-dire environ trois mois après sa promotion au grade de sous-officier, le jeune Louis quitta sa brave compagnie de sapeurs, et revint, le sac sur le dos, jusqu'à Liancourt, dans l'espoir d'obtenir son admission à l'école fondée et entretenue par le duc de Liancourt, en faveur des fils de militaires.

Cette école, d'abord destinée à l'étude des arts et métiers, devint bientôt une institution nationale, et donna, plus tard, naissance à l'École de commerce de Châlons-sur-Marne et au Prytanée de Saint-Cyr. Dès l'origine, cent élèves y avaient été admis ; ce nombre fut porté à trois cents, lorsque le Gouvernement désira continuer l'œuvre de l'illustre philanthrope, dont le nom s'associe à tant d'institutions utiles!...

Les progrès de Guillaume-Louis Bocquillon et sa bonne conduite, ne tardèrent pas à lui mériter l'affection du citoyen Crouzet, alors directeur de l'École de Liancourt. « Je vous félicite, écrivait-il au commandant de la citadelle de Perpignan, d'avoir un fils qui donne d'heureuses espérances, vous pouvez l'embrasser avec toute l'effusion de la tendresse paternelle. Il m'est bien doux de tenir à un père un pareil langage ; je sens combien je serais heureux à sa place. Je présume qu'il sera, dans les emplois importants, ce qu'il est aujourd'hui parmi ses camarades. »

En effet, l'élève ne trompa point les espérances du maître et tint tout ce que ses bonnes dispositions promettaient. Adoré de ses camarades, estimé de ses chefs, pendant les quatre années qu'il passa à l'Institut national, il n'encourut aucune punition et mérita plusieurs récompenses. Devenu chef de compagnie, il était cité pour son application aux mathématiques, pour ses connaissances en fortification, en histoire, en grammaire, et surtout en musique. On le destinait à l'industrie, les arts lui montrèrent une autre route ; c'est à les honorer qu'il mit sa religion : la musique devint son idole !

Sans autre guide que son goût, sans autre maître que la nature, Louis Bocquillon se mit avec ardeur à étudier les premiers rudiments de l'art musical. Lié de la plus étroite amitié avec un élève que les Muses attendaient au champ de la poésie, M. Antier, il composait, sur des motifs originaux, des mélodies que le poète enfant avait rimées. C'était une touchante sympathie que celle de ces deux écoliers s'entendant pour une œuvre commune ; c'était une chose rare, surtout, que de voir un compositeur de seize ans mettre en musique les paroles d'un poète de douze... Cette affection, née sur les bancs de l'école, loin de s'affaiblir, grandit avec les années, et abrégea, pour les deux élèves, le temps des études qu'ils passèrent ensemble à Liancourt, puis à Compiègne et à Saint-Cyr, où l'école fut successivement transférée.

Le talent de Louis Bocquillon pour la composition, se révéla au moment où les ministres plénipotentiaires Roberjot, Jean de Bry et Bonnier, furent assassinés au congrès de Radstadt. Cet oubli du droit des nations et du droit des personnes inspira au citoyen Crouzet des strophes où respiraient l'indignation et la vengeance ; Louis Bocquillon les mit en musique et les fit exécuter par les élèves de l'école, dans une fête funèbre donnée en cette occasion. La musique de cette cantate commençait par ce cri :

« Aux armes, vaillante jeunesse. »

Elle fut écoutée avec intérêt, rendue avec énergie, et, dès ce jour, le jeune Louis n'entrevit pour lui de carrière possible que celle de la composition musicale. Ses parents avaient d'autres vues ; son père, surtout, lui désirait une autre vocation, et parlait mal des arts pour refroidir l'artiste. Néanmoins, Guillaume-Louis fut nommé élève au Conservatoire le 27 décembre 1790 (6 nivôse an III), à la demande du sieur Crouzet. Il ne profita point immédiatement de cet avantage, et suivit son digne professeur, appelé à diriger l'école de Compiègne, puis ensuite, comme nous l'avons dit déjà, le prytanée de Saint-Cyr.

Par son aptitude aux sciences exactes, Louis Bocquillon mérita d'être nommé répétiteur de mathématiques à l'école de Saint-Cyr ; plus tard, il fut chargé d'enseigner aux élèves les éléments de l'art musical. Au mois d'octobre de cette même année 1802 (brumaire an XI), il composa, sur des paroles de M. Antier, un chant guerrier de la meilleure facture.

Les Anglais capturaient nos vaisseaux, harcelaient notre marine, fatiguaient nos soldats ; le chant patriotique dont nous venons de parler (1), fut inspiré aux deux amis par l'indignation.

En 1803 une œuvre nouvelle, dédiée à M. Gossec, fut

(1) Sur ces paroles :
« Tremblez, Anglais, tyrans des mers, »

aussi exécutée à Saint-Cyr à l'occasion de la distribution des prix. C'était encore un chant guerrier, propre à communiquer à la jeunesse les sentiments de bravoure que lui désirait le Gouvernement.

Le Ministre de l'intérieur, de nombreux officiers de toutes armes, de hauts fonctionnaires publics, applaudirent au succès de Louis Bocquillon, faisant exécuter à grand orchestre, un morceau d'ensemble composé d'inspiration et sans étude, exécuté ensuite en diverses villes, sur plusieurs théâtres, et enfin, en 1804, à l'Académie impériale de Paris.

Le sort en était jeté; l'élève de Liancourt, devenu professeur à Saint-Cyr, ne devait point faire défaut à sa vocation. Né pour être artiste, il lui fallait un monde, une sphère selon ses goûts, et, vers la fin de l'année 1806, il quitta l'école du Prytanée pour venir se fixer définitivement à Paris; il avait alors vingt-cinq ans. Sur la recommandation du sieur Crouzet, le directeur du Conservatoire, M. Gossec, avait, comme on le sait, reçu, en 1790, Louis Bocquillon avec une bonté toute paternelle. Il ne dépendit alors que de lui de profiter des avantages de son admission; des circonstances indépendantes de sa volonté en décidèrent autrement. De même encore, lorsqu'en 1800 il obtint un congé définitif, avec une pension durant une année, l'amour de ses devoirs l'emporta sur ses goûts les plus chers.

Guillaume-Louis passa ainsi onze années de sa vie dans les écoles militaires, tantôt à titre d'élève, tantôt à titre de professeur. La force de l'habitude aurait dû l'entraîner, comme tant d'autres, vers la carrière des armes ; mais des penchants innés parlaient plus haut que l'exemple à ses sympathies.

A Saint-Cyr le jeune répétiteur eut pour élève, ensuite pour ami, un poète illustre entre ceux qui le sont le plus, M. Lebrun, devenu membre de l'Académie française. A Paris il reçut l'accueil le plus flatteur de MM. Perne, Méhul, Chérubini et Gossec; ce dernier, surtout, justifia la haute confiance que Louis Bocquillon avait mise en lui. Il est touchant de savoir en quels termes l'élève parle du maître à son père : « Le citoyen Gossec, écrivait-il en 1801, aura la bonté de me procurer un clavecin à très-bon compte, et peut-être sans rétribution ; l'air d'affabilité et de bonté de ce grand compositeur, me pénètre, et je ne sais comment lui exprimer ma reconnaissance. »

La même lettre contient des détails intéressants sur l'emploi d'une modeste somme; il y est dit : « Des 25 francs qui me restent, j'en ai employé 24 pour acheter un solfège et des leçons de musique faites par les citoyens Méhul, Chérubini, Gossec, Catel, etc.... » 24 francs sur 25 dépensés en achat de musique ! C'est un franc qui restait à l'artiste pour ses menus plaisirs ; on n'en prendrait guère aujourd'hui à ce prix !..

La musique et la poésie sont sœurs. Louis Bocquillon ne les sépara point, et, dès sa prise de possession de la capitale, il se lia d'une intime amitié avec notre poète national, l'immortel Béranger ! Ces deux cœurs, qu'aucune souillure n'a pu atteindre, étaient faits pour se comprendre et pour s'aimer. Leur talent avait de l'analogie, l'un et l'autre marchaient au même but ; le peuple était l'objet de leur commune sollicitude. Simple et naïf dans l'expression de sa pensée, Béranger avait besoin de chants que l'oreille écoutât comme ses récits, que la mémoire retînt comme ses vers!.. Les scènes de la vie privée servaient la fantaisie du chansonnier ; le talent du compositeur s'identifia avec le génie du poète : le rhythme musical et le rhythme de la pensée se prêtaient, en eux, un mutuel secours ; il y avait mariage entre ces deux intelligences travaillant à une œuvre commune ; et la France chantera toujours, en chœur national, les refrains si connus de : *La Bonne Vieille, Brennus, la Vivandière, Charles VII*, etc., etc.

Wilhem n'était pas appelé, non plus que Béranger, à faire chanter l'aristocratie, ses mélodies allaient au peuple, et le peuple les redit dans ses heures de travail, pour en alléger la fatigue ; dans ses heures de plaisir, pour en rendre plus doux le repos! Les anciens, dans leurs jeux publics, dans les cérémonies du culte, avaient introduit la musique comme expression de la commune joie ; Moïse dansait devant l'arche au son des instruments, et les jeux du cirque à Rome, à Athènes, étaient accompagnés de musique. En France, c'est au son des instruments que la victoire s'est toujours annoncée.

Louis Wilhem pensa que les Français, jadis excités

par des chants guerriers, pourraient être pacifiés par de simples mélodies, et, à lui seul, il commença la solution de ce grand problème qui a pour but l'association universelle!.. Qui peut, en effet, calculer le degré d'influence morale exercée depuis vingt ans, chez nous, par les chants populaires organisés à l'aide de la méthode Wilhem?.. La jeunesse se réunit encore et forme, il est vrai, dans certains cabarets, des réunions appelées *goguettes;* mais ces assemblées ont leur président et leur bureau, la dépense est réglée avec ordre, et plus d'une bonne poésie a dû le jour à ces modernes caveaux littéraires.

Pour M. Wilhem, enseigner le chant, ce n'était pas seulement distraire le peuple, c'était aussi le moraliser. Il savait que le travailleur, après la fatigue, a besoin de s'unir, par le cœur et par l'esprit, à ce qui constitue la société, dont on l'a trop longtemps isolé; il savait qu'on aime ceux qu'on voit, et qu'on s'entend avec ceux qu'on aime : l'harmonie est le lien de la paix.

Béranger, qui admirait son ami dans ses constants efforts, lui adressa les vers suivants, après avoir assisté à une leçon de l'orphéon, en 1841.

Mon vieil ami, ta gloire est grande !
Grâce à tes merveilleux efforts,
Des travailleurs la voix s'amende
Et se plie aux savants accords.
D'une fée as-tu la baguette,
Pour rendre ainsi l'art familier ?

Il purifiera la guinguette,
Il sanctifiera l'atelier.


Wilhem, toi de qui la jeunesse
Rêva Grétry, Gluck et Mozart,
Courage ! A la foule en détresse
Ouvre tous les trésors de l'art
Communiquer à des sens vides
Les plus nobles émotions,
C'est faire, en des grabats humides,
Du soleil entrer les rayons.


La musique, source féconde,
Epandant ses flots jusqu'en bas,
Nous verrons ivres de son onde,
Artisans, laboureurs, soldats.
Ce concert, puisses-tu l'étendre
A tout un monde divisé !
Les cœurs sont bien près de s'entendre,
Quand les voix ont fraternisé.


Notre littérature est folle :
Fais-la rougir par tes travaux ;
De meurtres elle tient école,
Et pousse à des Werther nouveaux ;
On l'entend, d'excès assouvie,
En vers, en prose, s'essouffler
A décourager de la vie
Ceux qu'elle en devrait consoler.

Des classes qu'à peine on éclaire,
Relevant les mœurs et les goûts,
Par toi devenu populaire,
L'art va leur faire un ciel plus doux.
Des notes, sylphides puissantes,
Rendront moins lourds soc et marteau,
Et feront, des mains menaçantes,
Tomber l'homicide couteau.

Quand tu pouvais, sur notre scène,
Tenter un plus brillant laurier,
Tu choisis d'alléger la chaîne
Du pauvre enfant, de l'ouvrier.
A tes leçons, large semence,
La foule accourt, et tu les vois,
Captivant jusqu'à la démence,
Vers le ciel diriger sa voix.

D'une œuvre, et si longue et si rude,
Auras-tu le prix mérité ?
Va, ne crains pas l'ingratitude,
Et ris-toi de la pauvreté.
Sur ta tombe, tu peux m'en croire,
Ceux dont tu charmes les douleurs,
Offriront un jour, à ta gloire,
Des chants, des larmes et des fleurs.

Et pourquoi, avec la puissance de talent que tous lui reconnaissaient, Guillaume-Louis Bocquillon changea-t-il son nom contre celui de Wilhem ? C'est que sa modestie lui fit prendre d'abord un pseudonyme, que sa renommée ne lui permit pas ensuite de quitter ; c'est qu'en se débaptisant, il sauvait peut-être à son père le tort d'une injuste prévention.

Le vieux soldat Bocquillon comprenait peu les arts, n'aimait point les artistes, et rêvait, pour l'héritier de son nom, une carrière plus certaine ; il est facile de le comprendre par la lettre que celui-ci lui écrivit de Saint-Cyr, en 1806, peu de temps avant de quitter l'école militaire : « Il est bien douloureux pour moi, disait-il, de penser que mon père rougit de son fils ; le sort en est jeté. Cependant, il est plus que probable qu'arrivé à l'âge de vingt-cinq ans, je ne changerai plus guère de direction, ou ce serait vouloir me perdre, parce qu'il est trop tard pour prendre un autre parti. Les états, je crois, ne sont que ce qu'on les fait : tel grand est méprisé, et tel artiste est honoré.

« Je ne désire rien tant, mes chers parents, que de vous voir revenir sur mon compte, et de ne pas vous savoir les seuls peut être, qui, malgré votre cœur, cherchiez à me rendre plus petit que je ne suis. »

La résidence de Louis Wilhem à Paris eût été probablement impossible, sans l'appui que lui prêta un savant distingué, M. Jomard, membre de l'Institut. Napoléon venait d'ordonner au Ministre de l'intérieur de faire publier, aux frais de l'Etat, la relation de la campagne d'Egypte. Le jeune Wilhem avait une solide instruction ;

son protecteur jeta les yeux sur lui et le fit admettre dans les bureaux du Ministère, pour coopérer au travail demandé. Ce fut dans cette administration que notre artiste se lia avec l'illustre Béranger, comme lui alors simple expéditionnaire.

Grâce au traitement de sa place, Louis Wilhem put se livrer à ses goûts, et telle était sa facilité, dit M. Jomard, dans son excellente notice : « Qu'il composait comme s'il n'avait pas eu d'autre affaire, et qu'il s'occupait des écritures d'un bureau comme s'il eût été étranger à la musique ; on eût dit deux hommes en un seul. »

Plus de six années se passèrent ainsi, pendant lesquelles notre compositeur perdit son père et sa mère (1). Après de si douloureuses pertes, il se maria, le 31 décembre 1810, à Paris, et deux fils jumeaux naquirent de cette union. Un seul, Alexis, est arrivé à l'âge d'homme, et cultive avec succès l'art du dessin ; puisse l'avenir lui être favorable !

Louis Wilhem, durant ces six années, écrivit plusieurs morceaux remarquables qui lui valurent, en 1810, la place de professeur d'harmonie au lycée Napoléon, aujourd'hui collège Henri IV. Dans ce même intervalle, il dut à M. Jomard de précieux documents rapportés

(1) Le commandant Bocquillon mourut à Perpignan le, 21 octobre 1808 ; une année après (4 avril 1809), sa femme décédait à Paris.

d'Egypte par ce savant, sur l'état de la musique chez les anciens (1).

A cette époque, de grands évènements politiques se préparaient; le génie guerrier de la France arrivait, par la lassitude, au découragement, et bientôt un héros qu'aucun n'avait pu vaincre, allait être désarmé par la trahison, détrôné par l'intrigue.

Napoléon déchu, la guerre terminée, une révolution s'opéra dans les idées; l'industrie releva la tête et se mit à l'œuvre; le soc de la charrue devait enlever à nos champs le souvenir des plus sanglantes journées!.. On avait fait beaucoup pour la France guerrière, on voulut faire plus encore pour la France agricole et manufacturière; et d'abord on commença par l'éclairer.

La renommée disait des merveilles des écoles d'enseignement mutuel fondées en Angleterre, d'après la méthode de Lancaster. Des commissaires délégués partirent avec mission de l'étudier. Cette méthode était la même que le chevalier Paulet avait préparée en France dès la fin du xviii<sup>e</sup> siècle, et que Monge appliqua en 1794, lorsque s'ouvrit la célèbre école des travaux publics, appelée à devenir école Polytechnique.

Ce fut le général Carnot, alors Ministre de l'intérieur, qui eut la pensée et l'honneur d'établir en France l'enseignement mutuel. Bientôt le succès dépassa ses espé-

---

(1) C'est à la notice de M. Jomard que nous avons emprunté les faits historiques nécessaires à ce simple aperçu.

rances, et neuf institutions populaires se fondèrent successivement à Paris. Le Ministre connaissait depuis dix années M. Wilhem ; il entrevit la possibilité d'introduire, par lui, le chant dans les écoles, et tous deux visitèrent ensemble celle de la rue Saint-Jean-de-Beauvais, ouverte à trois cents enfants.

Louis Wilhem fut frappé et de la marche rapide des études, et de la simplicité des moyens employés ; dès lors, il rêva une révolution dans l'enseignement général de la musique, et s'occupa, pendant une année, à préparer le projet qu'il voulait soumettre à la société pour l'instruction élémentaire. Il expérimenta sur un certain nombre d'élèves, et lorsqu'il se crut certain du succès, il obtint du comte de Chabrol, préfet de la Seine, l'autorisation de tenter un essai en grand. Ce fut alors que l'instituteur communal de l'école Saint-Louis, M. de La Haye, lui ouvrit son école ; Wilhem y arriva muni de tableaux manuscrits, et commença avec des élèves de tout âge. Cependant, le but désiré fut atteint, et, fort de ses convictions, l'inventeur de la nouvelle méthode offrit de donner tous les jours une leçon gratuite de chant aux élèves de l'école établie rue Saint-Jean-de-Beauvais.

On était alors au 1er octobre 1818 ; deux mois après, l'impression des tableaux de plain-chant fut ordonnée ; mais il s'écoula deux années sans que leur auteur reçût aucune rétribution (1).

(1) Dès l'année 1814, M. Choron ouvrit une école de chant pour les ouvriers ; puis vint M. Massimino, puis enfin M. Wilhem.

Le 4 décembre de la même année, à l'occasion de la distribution des prix, M. Wilhem fit exécuter des exercices de chant aux élève de l'école Saint-Jean-de-Beauvais. Le 1ᵉʳ janvier suivant, la Société pour l'instruction élémentaire lui alloua un traitement fixe de 1,500 fr., en attendant le résultat de la décision ministérielle à son égard.

Il n'y eut d'abord, dans les écoles, que trois leçons par semaine jusqu'au 1ᵉʳ novembre 1822 ; mais, à cette époque, elles furent portées à cinq, puis elles devinrent quotidiennes. Chaque jour, alors, un nouveau perfectionnement ajoutait au succès de la méthode, à la gloire de son auteur.

En tout ceci, pourtant, il faut faire la part de chacun, et reconnaître que si M. Wilhem était plein de zèle, un zèle plus actif encore poussait ses protecteurs, en grande partie membres de la Société pour l'instruction élémentaire. Prompts à expérimenter ce qu'ils croient utile, actifs à solliciter ce qu'ils croient juste, ces messieurs aidèrent M. Wilhem à populariser son nom, en donnant, le 29 mars 1820, leur entière approbation à la méthode dont il était l'auteur, et en le faisant nommer professeur titulaire de chant pour la ville de Paris.

Un peu avant ce temps, le préfet avait proposé au Ministre de l'intérieur la création d'une école normale élémentaire, dans laquelle le chant fut régularisé dès le 10 janvier de la même année. Tant de suffrages appelaient une récompense, M. Wilhem la reçut, et la Société pour l'instruction élémentaire lui décerna, en 1821, une médaille d'argent, que suivit, en 1826, la grande médaille d'or.

La même année, il fut chargé de la direction générale du chant dans les écoles élémentaires de Paris. On lui adjoignit, comme répétiteur, son meilleur et son plus ancien élève M. Joseph Hubert, devenu, par la mort du maître, délégué général du chant des institutions élémentaires de Paris.

Dix écoles avaient alors des cours spéciaux de chant, douze autres se préparaient à en ouvrir, et de toutes les parties de la France, comme de tous les points du globe, nombreux visiteurs vinrent étudier la méthode Wilhem.

En 1834, des tableaux de chant furent envoyés à plusieurs de nos écoles départementales.

En 1835, le conseil municipal de Paris introduisit des cours dans trente écoles nouvelles et fit accorder à M. Wilhem, avec la croix de la Légion-d'Honneur, le titre de directeur-inspecteur, au traitement annuel de 6,000 fr.

Les succès ne s'arrêtèrent pas là ; l'habile professeur, aidé de M. Hubert, qui a si puissamment contribué à sa gloire, de M. Pauraux, dont le zèle s'est montré si constant, donna une grande impulsion à l'Orphéon, et ouvrit des cours gratuits pour les adultes dans trois arrondissements. Nommé l'un des examinateurs à la délivrance des brevets de capacité, il reçut, le 18 février 1839, le titre de délégué général pour l'inspection de l'enseignement universitaire du chant.

L'année suivante, 1840, il fut nommé inspecteur délégué du chant pour l'École normale de Versailles. Enfin, on introduisit le chant, à Paris, d'après sa méthode et sous sa direction, dans toutes les écoles de frères et dans plusieurs écoles de sœurs, de 1841 à 1842.

Il faut donc rapporter l'enseignement du chant à trois époques distinctes, savoir :

La première au 1er octobre 1818, c'est-à-dire à l'établissement du chant dans les écoles.

La deuxième à l'année 1835, alors que, par une salutaire extension de la loi de 1833, le conseil municipal de Paris vota l'adoption du chant dans toutes les écoles communales.

La troisième, enfin, à l'année 1838, qui a rendu le chant enseignement universitaire.

Comme on le voit, c'est par les efforts réitérés d'un seul homme que le chant a envahi les écoles en France. C'est par lui que bientôt il devait franchir les montagnes, traverser les mers et s'établir dans cette superbe Albion, si fière des produits qu'elle nous envoie ! En effet, dès 1840, M. Hullah, membre délégué du conseil d'éducation de la Grande-Bretagne, visita, à Paris, les écoles d'adultes, et, dès 1841, il fit imprimer, à Londres, la traduction des tableaux et du corps de la méthode Wilhem. Une classe fut en même temps ouverte à Exeter-Hall ; elle ne comptait pas moins de dix-sept cents élèves. Enfin, de toutes parts, on voulut connaître le nouveau mode d'enseignement du chant ; mais ce qui surtout devait payer l'inventeur de ses fatigues, c'étaient les éloges qu'en diverses circonstances lui prodiguèrent MM. Zimmermann, Berton, Caraffa, Chérubini, Dortigues, Neukomm, Panseron, etc., etc.

Qu'il nous soit permis de le répéter, tout ceci était juste et mérité; cependant l'inventeur et sa nouvelle méthode devaient beaucoup au zèle de l'association protectrice qui les a fait connaître. Une œuvre existait, comme le soleil par-delà les ténèbres; mais il fallait la produire, la faire connaître, la mettre en lumière : c'est le soin qu'a pris la Société pour l'instruction élémentaire!... MM. Boulay de la Meurthe, Jomard, de Lasteyrie, de Doudeauville, Lebeau, Francœur, Cassin, etc., ont rivalisé ensemble et tour à tour de zèle, pour léguer à l'enseignement du chant une méthode à la fois simple et savante, par les combinaisons graduées qui conduisent incessamment l'élève du connu à l'inconnu, du simple au composé.

L'heure de l'étude sonnée, les écoliers, divisés en huit classes, forment un hémicycle, et, sur un signe du moniteur, armé du diapason, chaque degré opère selon sa force.

La théorie devant précéder la pratique, tandis que le premier rang trace sur le sable la figure des notes, le second rang écrit, sur l'ardoise, huit mesures à intervalles de secondes. Le troisième rang écrit huit mesures de tierces; le quatrième, huit mesures de quartes, ainsi de suite, jusqu'à la huitième classe, qui chante tandis que les autres s'occupent de la théorie appelée *dictée parlée*. Dans cette étude, les élèves nomment la note sans intonation. On se sert, pour cela, d'un tableau dont les notes et les clefs mobiles obéissent à la baguette du moniteur.

De la théorie on passe à la pratique, et les mêmes classes, dans le même ordre, chantent pendant cinq minutes chacune. Lorsque les quatre premières se sont ainsi exercées, les classes *deux à sept* chantent, simultanément; un sextuor accompagné par la huitième classe. Dans cet exercice, chaque degré rencontre les difficultés qu'il peut connaître, et l'on comprend quelle patience il a fallu unir au talent pour composer des mélodies où la leçon n'est jamais oubliée.

Par ce mode d'enseignement, la récompense est le prix de l'application ; chaque élève, à son tour, peut devenir maître ; car toujours un degré supérieur conduit un degré inférieur. Écrire d'abord, chanter ensuite en chœur ce qu'on a écrit séparément, c'est opérer selon la méthode Wilhem.

Afin de diviser la *durée du son de l'intonation*, ce professeur s'est servi d'une figure qu'il appelle *échelle diatonique*. C'est, en effet, une sorte d'escalier dont la voix parcourt les degrés en montant et en descendant.

Sébald Heyden, dès l'an 1537, eut le premier l'idée d'une portée sans notes; M. Galin, de Bordeaux, fit aussi usage, il y a vingt ans, d'un tableau appelé *méloplaste*; deux baguettes promenées sur ou entre les lignes d'une portée musicale, figuraient, par leur bout arrondi, la note qu'on voulait désigner; les accidents se marquaient par l'inclinaison de ces mêmes baguettes. Mais ce procédé ne devança point celui de M. Wilhem, et nous lisons ce qui suit dans un rapport fait le 29 mars 1820, par M. Francœur, au nom d'une commission d'examen. Il y est dit : « Depuis l'an 1817 que les procédés ingénieux de M. Wilhem nous ont été connus, M. Galin a, de son côté, mis en pratique un moyen semblable à l'indicateur vocal, et l'a présenté avec succès à Bordeaux et à Paris, sous le titre de *méloplaste* (1). Il importe de garantir M. Wilhem de l'accusation de plagiat, et de constater que, depuis cinq mois, son procédé était en usage dans nos écoles, et qu'il était connu de nous depuis deux ans. »

Outre l'authenticité de ce fait, il existe entre le méloplaste et l'indicateur vocal des différences telles, qu'il n'est pas permis de les confondre. En effet, ce dernier représente une portée coupée par quatre barres perpendiculaires qui forment trois compartiments. Les notes naturelles s'indiquent à la baguette par le compartiment du centre; celui de gauche désigne les notes dièsées; celui de droite les notes bémolisées. Au centre des lignes de chaque portée, est un rang de trous perpendiculaires servant au placement de huit notes mobiles et chiffrées qu'on y dépose *ad libitum* Les clefs mobiles viennent prendre, par le même procédé, la place qu'elles doivent occuper.

(1) Il l'a également présenté à Lyon, et dans plusieurs autres villes.

Par ce moyen les notes passent alternativement des portées naturelles aux portées diésées ou bémolisées.

Les chiffres 1 2, 1 3, 1 4, etc., placés sur une portée dans leur rang diatonique, désignent des intervalles de seconde, tierce, quarte, etc. Leur placement de l'une à l'autre portée, indique les différents tons du chant.

Les notes sont de couleurs diverses, pour désigner la comparaison des deux modes d'une même gamme; les clefs mobiles *fa, ut, sol*, sont indiquées, à leur tour, par les chiffres 4, 6, 8, correspondant à la portée générale; elles montent ou abaissent les notes de tout une portée.

Dans son dictionnaire de musique, J.-J. Rousseau, au moyen d'une figure de douze lignes, établit le rapport des clefs. M. Wilhem n'en a employé que onze, qu'il a placées sur une planchette oblongue : « Ces onze lignes, dit-il, forment deux portées de musique séparées l'une de l'autre par la sixième ligne, marquée seulement à l'encre rouge, et portant *clef d'ut*. Les deux autres clefs, *fa* et *sol*, occupent, par rapport à celle-ci, leur rang de quinte inférieure et supérieure. »

M. Wilhem a successivement modifié quatre fois son procédé pour le perfectionnement de l'indicateur vocal : « Outre le libre usage de la baguette sur les trois portées latérales, les trois clefs et les huit notes, par leur mobilité sur cet indicateur, ajoute-t-il ailleurs, rendent palpables beaucoup d'opérations qui, sans cet avantage, seraient loin d'être à la portée des jeunes élèves. »

Simple dans ses détails et dans son ensemble, cette méthode s'est généralisée d'une manière rapide. A Paris elle est chantée journellement par cinq mille enfants dans les écoles, et par mil quinze adultes aux cours du soir. Le même enseignement a lieu en ce moment dans trois écoles supérieures, dans cinquante-trois écoles mutuelles, dans vingt-sept écoles de frères, dans trois écoles de sœurs, et dans douze classes d'adultes. Il est en outre introduit dans le gymnase musical militaire dirigé par M. Carafa, et recommandé à toutes les écoles régimentaires par le Ministre de la guerre. L'Orphéon est, à son tour, une pépinière de jeunes professeurs qui, transplantés sur tous les points du globe, y font fructifier la semence qu'ils ont reçue.

Cependant, courbé sous le poids de ses fatigues, Wilhem s'était retiré à Chaillot, lorsque lui fut donnée la nouvelle de la mort de Chérubini, son protecteur, son ami, son guide; il en fut profondément affligé, et composa, à cette occasion, un *Requiem* qu'il ne devait jamais faire chanter !..

L'air de la campagne avait déjà amélioré sa santé, il s'occupait avec sollicitude de la séance annuelle de l'Orphéon, lorsqu'il fut atteint d'une fluxion de poitrine. Le 19 avril 1842, il se mit au lit, le 26 du même mois, à six heures du soir, il rendait le dernier soupir dans les bras de son fils. Pendant les huit jours que dura sa maladie, la musique l'occupa exclusivement. Dans le délire de la fièvre, son art seul semblait alléger ses souffrances ; il en parlait sans cesse.

Un moment on le crut mieux ; on entrevit une prompte convalescence. Le lendemain, il avait cessé de vivre...

Sa mort fut un coup affreux pour les élèves des écoles de chant ; la douleur de chacun prouvait combien tous l'aimaient, et cet hommage rendu à l'homme était la plus belle palme de l'artiste...

Informé de la perte qu'il venait de faire, le comité central pour l'instruction primaire, arrêta, dans sa séance du 28 avril 1842, qu'en raison des services rendus par Bocquillon Wilhem à l'enseignement primaire, une députation de sept membres accompagnerait le corps du défunt jusqu'à sa dernière demeure. Les comités locaux et spéciaux d'instruction primaire de la ville de Paris, furent également priés d'envoyer au cortège une députation. Ainsi, l'on put y voir : le conseil royal de l'instruction publique, représenté par M. Orfila ; le conseil municipal de Paris, par MM. Boulay de la Meurthe et Périer ; l'Académie française, par M. Rousselle ; la Société pour l'instruction élémentaire, par MM. Francœur, Jomard, Demoyencourt, Bessas-Lamégie, Trélat, Lebeuf, etc., etc. Alexis Wilhem suivait le corps de son père, avec ses amis MM. Delaporte, Charles Malo, Béranger, Antier et Lebrun. Les orphéonistes des écoles communales venaient ensuite, sous la conduite des instituteurs et des institutrices.

Un service funèbre fut célébré à Saint-Sulpice ; trois

discours furent prononcés au cimetière : le premier, par M. Périer, au nom de la ville de Paris; le deuxième, par M. Demoyencourt, au nom de la société d'enseignement élémentaire ; le troisième, par M. Joseph Hubert, au nom des élèves. Un auditoire immense entourait les orateurs et le cercueil. Lorsque tout eut été dit, le fossoyeur remplit son dernier office, et chacun se retira le cœur rempli de tristes mais douces émotions !

Deux chants funèbres furent composés à l'occasion de cette mort ; l'un, par M. Hubert, sur des paroles de M. Charles Malo; l'autre, par M. Neukomm, sur des paroles de M. Lefèvre (1).

On doit à M. Wilhem les compositions suivantes :

1821. — *Méthode élémentaire de chant*, conforme aux principes et aux procédés de l'enseignement mutuel.

1821. — *Guide de la méthode élémentaire analytique de musique et de chant*, en deux parties.

1832 et 1834. — *Tableau de lecture musicale et d'exécution vocale.*

1835. — *Manuel musical*, à l'usage des collèges, des institutions et des cours de chant, comprenant, pour tous les modes d'enseignement, le texte et la musique en partition, des tableaux de la méthode de lecture musicale et de chant élémentaire. Premier et deuxième cours.

1835. — *Méthode graduée*, divisée en deux cours, renfermant ensemble 73 tableaux.

(1) S'adresser, pour cette musique, aux auteurs.

1838. — Réimpression du même ouvrage, contenant, en deux parties, le *Guide de la Méthode.*

*Distribution des prix.* Invocation suivie de chœur et canon à trois parties, seules ou avec accompagnement d'instruments.

Douze leçons hebdomadaires de musique vocale, à l'usage des jeunes élèves et des adultes qui suivent le cours de chant sacré institué par le consistoire de l'Église réformée de Paris.

Choix de mélodies des psaumes, arrangées à trois voix égales ou inégales, à l'usage des élèves déjà nommés.

1839. — *Guide complet*, ou instruction pour l'emploi simultané des tableaux de lecture musicale et de chant élémentaire.

*Orphéon*, répertoire de musique vocale sans accompagnement, à l'usage des élèves adultes.

1840. — Réimpression du *Manuel musical*, à l'usage des collèges, etc.

Il a laissé encore :

Le *Départ du conscrit*, quelques *Hymnes religieuses*, un *Chant guerrier* et plusieurs romances.

Telles ont été les œuvres de cet homme si simple et si profond, qu'il réunissait en lui les facultés du savant et de l'artiste. Plus modeste que le moins grand, il n'usurpa la place de personne et remplit cependant un vide immense. « Affable, obligeant, plein de dévouement et de cœur, il ne rechercha point la fortune, et n'aima l'art que pour le servir. Mais pour fournir une plus longue carrière, il lui eût fallu le calme nécessaire au travail.»

Guillaume-Louis Bocquillon Wilhem est mort dans sa soixante-unième année. Déplorons sa perte! elle est grande, mais l'immortalité l'attend! et félicitons-nous de ce qu'il a pu nous laisser une œuvre complète, avec des hommes dignes de la continuer!

*TABLEAU du personnel de l'enseignement du Chant dans les écoles communales de Paris.*

M. Joseph HUBERT, Délégué général pour l'inspection de l'enseignement du chant.

*Répétiteurs en premier.*

MM. Foulon, Dreyfous, Lelyon.

*Répétiteurs en second.*

MM. Monturat, Forestier, Richard, Hottin, Divis, Pouille, Levy, Blondeau, Alphonse Machard, Sébastien Machard, Lebeau, Pikaerr, Sergent et Guerrier.

*Répétiteurs suppléants.*

MM. Zimmermann, Mayer, et Pény.

*Répétitrices.*

Mesdames Tillemont, Touiller, et M<sup>lle</sup> Hubert.

Les Cours d'adultes sont dirigés par MM. Foulon, Lelyon, Mouturat, Forestier, Richard, Hottin, Divis, Pouille, Lévy, Sergent et Pluot.

*Récompenses obtenues.*

MM.

Hubert.....
- 1833, médaille de bronze.
- 1835, médaille d'argent.
- 1838, médaille d'argent.
- 1840, rappel de la médaille d'argent.

MM.

Foulon .....
- 1838, médaille de bronze.
- 1839, rappel.
- 1841, médaille d'argent.

Dreyfous ...
- 1838, médaille de bronze.
- 1840, rappel.
- 1842, médaille d'argent.

Lelyon .....
- 1837, mention honorable.
- 1838, médaille de bronze.
- 1841, rappel.

Monturat ...
- 1838, mention honorable.
- 1839, médaille de bronze.
- 1841, rappel.

Richard ....
- 1838, mention honorable.
- 1839, médaille de bronze.
- 1841, rappel.

Forestier ... 1840, médaille de bronze.

Pouille......
Divis.......
Hottin.....
Levis.......
} 1841, mention honorable.

FIN.

www.ingramcontent.com/pod-product-compliance
Lightning Source LLC
Chambersburg PA
CBHW060514050426
**42451CB00009B/987**